# Rien

Autres livres de Brigitte Fontaine :

*Chroniques du bonheur,*
Des femmes, 1975
*Madelon : Alchimie et prêt-à-porter,*
Seghers, 1979
*Paso doble,*
Flammarion, 1987
*Genre humain,*
Christian Pirot, 1997
*La Limonade bleue,*
L'Écarlate, 1997
*Galerie d'art à Kekeland,*
Flammarion, 2002
*La Bête curieuse,*
Flammarion, 2005
*Attends-moi sous l'obélisque,*
Seuil-Archimbaud, 2006
*Nouvelles de l'exil,*
Flammarion, 2006
*Travellings,*
Flammarion, 2008
*Contes de chats,*
(dessins originaux de Jean-Jacques Sempé)
Les Belles Lettres-Archimbaud, 2009
*L'Inconciliabule,*
Les Belles Lettres-Archimbaud, 2009
*Antonio,*
Les Belles Lettres-Archimbaud, 2011
*Le Bal des coquettes sales* (avec Léïla Derradji),
Les Belles Lettres-Archimbaud, 2011
*Mot pour mot,*
Les Belles Lettres-Archimbaud, 2011
*Portrait de l'artiste en déshabillé de soie,*
Flammarion, 2011

Brigitte Fontaine

# Rien

Suivi de
## Colère noire

Postface de Benoît Mouchart

Deuxième édition

LES BELLES LETTRES
ARCHIMBAUD ÉDITEUR

© 2011, Les Belles Lettres.

Première édition 2009

Société d'édition Les Belles Lettres
95, boulevard Raspail, 75006 Paris
www.lesbelleslettres.com

ISBN : 978-2-251-44407-9

# Rien

Le temps passe. Je vieillis, comme tout le monde. Je ne fais rien, rien d'autre que vieillir. Je sens le temps qui ronge, le temps qui dégrade. Chaque seconde, chaque minute, chaque heure. Rien. Des millions de fois rien. Les gens passent, les voitures passent, le temps passe. L'eau passe dans mon œsophage. Comme le sable dans un sablier. Pour un œuf qui n'existe pas.

Il ne se passe rien, et tout passe. Dans le tamis.

Je ne sais plus rire depuis longtemps.

Je ne sais plus pleurer.

Je ne sais même pas mourir.

Mourir doit être un choc violent. Plus grand, bien plus grand qu'une fusée crevant la stratosphère.

Un disque passe.

*Je passais jusqu'aux lieux où l'on garde mon fils.*

Bien sûr, je n'ai pas de fils, mais passons. Il est passé par la sortie, il est mort.

Je passe le temps à rien.

Qu'est-ce que rien ?

Ce n'est pas le néant, ce n'est pas l'être, ce n'est pas le désert, ni les limbes. Ce n'est rien. C'est le rien.

Bientôt je ne serai que rien. Mais je souffrirai encore. La souffrance, c'est déjà quelque chose. L'enfer, c'est déjà quelque chose. Je connais. Non que je désire l'enfer. Mais comment être quand il n'y a rien. Quand on est rien. Qu'une vague charpente creuse. Sans nourriture. Nourrir quoi, puisqu'il n'y a rien ? Ce n'est même pas le vide, comprenez.

On est loin de la personne. Habillée pourtant. Jolis frissons. Passés, oubliés, perdus dans cette étendue. Dans cette poubelle vacante.

Il semble que la couleur soit grise. Peut-être blanchâtre. Vilain mot. Mais pas de jugement, non. Ni louange ni blâme ne sont possibles. Mépris non plus bien sûr. Rien du tout. Quel tout ? Il n'y a pas de tout. Entre la cendre et le sable. Une étendue, une petite parcelle. On ne sait pas. On ne sait rien.

Cigarettes. Il y a les cigarettes. L'illusion délicieuse. Ils veulent nous enlever même ça.

Il ne nous reste plus que, parfois, la pitié pour les bêtes. Quand il y a quelque chose. Quand il y a quelque chose, c'est ça : la pitié pour les bêtes.

Je vieillis bien, je vieillis mal. Je vieillis. Le jugement est impossible, tout est impossible, le possible, l'impossible, la fin. Pas de toujours, pas de jamais. Même pas de maintenant.

Dieu est, mais est-il même dans rien ? Est-il un point d'interrogation ? L'interrogation, l'interpellation, c'est déjà quelque chose. Mais quand il n'y a que ça. Dieu est partout, mais partout n'est rien. Dieu, dans sa miséricorde, est-il dans rien ?

Je suis jeune, je suis vieille. Je vais mourir. Mourir est-il une action, dont je suis incapable ? C'est un choc. Passif. Une explosion involontaire. Quoique. On ne sait pas très bien ce qui est volontaire, involontaire. On ne sait rien.

Le plaisir de l'autre est une sauvegarde. Sauver quoi ? On ne sait même pas. La paix est aussi loin que l'allégresse.

On dit que tout est dans tout. Il semblerait en fait que tout est dans rien. Et réciproquement.

# Colère noire

# 1

Vous allez me brûler encore une fois.
Je vais vous dire des choses étonnantes.
Il n'y a que des trous partout.

Nous sommes tous des monstres, des gouffres, des insectes, chasseurs et gibiers, machines et dieux, aveugles et inertes, panoramas, siècles muets, neiges, magiciens.

C'est moi qui ai créé la désolation quotidienne où je rampe, où je frime sans espoir de retour.

Ils me reprennent toujours là où ils m'ont plantée.
Je leur ai permis de le faire.
Promis de le faire.
Sans me mettre en colère.

Et toujours la même scène livide qui ne déborde jamais de son vase.

Pourtant, tout doit être simple comme bonjour.
Mais pour ce bonjour, il faut du génie.
Ou un cœur sincère.

Je voudrais être celle qui marche au crépuscule, habillée de blanc.
Celle qui prend le train.
Qui soigne ses fleurs.

Qui rit de bon cœur.
Ne fuyez pas, l'enfer est partout.
Je sais pourquoi vous pleurez.
La rage, la rage, la rage.
Parce que vous ne cédez même pas à la peur, mais seulement à la volonté d'autrui.
Personne ne viendra vous sauver, et s'il vient, ce sera pire, comme d'habitude.

**2**

Une seconde.
Juste une seconde.
Je demande une seconde.
Arrête ton disque une seconde, et écoute.
Ouvre ta porte une seconde, et sens.
Ne bouge plus, lâche une seconde.
Tout peut s'engouffrer, moi, puisque c'est moi.
Écoute-moi une seconde, quoi que je sois, qui que je sois, moi, moi, moi.
Je demande une seconde.
Je voudrais que tu m'écoutes sans rien faire d'autre que m'écouter.

Sans juger.
Sans traduire.

Sans souffrir.
Juste écouter.

Je voudrais que tu me parles sans rien faire d'autre que parler.

Alors je pourrais t'écouter sans rien faire d'autre, et te parler sans rien faire d'autre.

Écoute.
Ferme ta télé, ferme ta radio.
Arrête.
Ça suffit.
Il y a le compte.
Coupe, coupe, coupe.
Arrête tout.

On va finir par s'écrabouiller.

Tu me connais, j'ai toujours été près de toi malgré tout.

On ne va pas rejouer 14-18 encore une fois, et *Drôle de drame*, et *Les Bas-Fonds*.

Arrête de faire tourner ton seau de lait, que je puisse passer.

Mais ne m'attends pas.
Tire-toi.
Casse-toi.
Fous-moi la paix.

Je ne t'ai rien demandé.

Laisse-moi.

Lâche-moi le coude.

Je ne veux pas marcher ni faire marcher.

Je ne veux pas comprendre, pas classer l'affaire.

Je ne veux pas vouloir.

Ne m'écoute pas, je dors, j'ai des plis autour de la bouche à force de tirer sur cette putain de cigarette qui n'en finit pas.

Ma parole est de la fumée qui n'en finit pas.

Ne m'écoute pas, je dors, je n'en finis pas, j'en ai plein la tête, plein les poumons, je suis un tas de cendres qui a peur du vent, le vent se lève et je dors, je rêve des mondes qui tournent comme des manèges et n'en finissent pas, comme ce putain de disque qui n'en finit pas, comme la terre qui dort dans mon ventre depuis des millions d'années et qui n'en finit pas.

## 3

Ils sont salauds, les salauds.

Quels salauds !

Ils sont tellement salauds qu'on peut les ranger sans hésiter dans le camp des salauds.

Les rejeter totalement, ne pas se salir les mains dans leur ombre, etc.

Les salauds, on les refoule dans la mort où ils peuvent continuer leur œuvre d'extermination.

Il y a les salauds et nous.
Théoriquement, nous devrions être massacrés depuis longtemps.
Mais nous les avons infiltrés, et eux aussi.
On se démerde.

Si tout le monde était comme nous, il n'y aurait pas de guerre.
Les salauds, tous des salauds sans le moindre doute.

C'est le doute qui fait les guerres.

Exemple: je doute que seuls les autres soient des salauds, donc je vais les exécuter pour me prouver que j'étais du bon côté.

C'est moi qui suis du bon côté, pas vous.

Je suis de l'intérieur.

**4**

Encore complètement à côté.

Les bons et les mauvais.

La vérité est bien plus terrible que ça.

Mais c'est trop pour la tête.
On préfère continuer la bonne vieille bataille.
La vérité est bien plus obscène.
Elle bave de partout, elle dépasse les bornes.

Les gens ont beau ressembler à l'idée qu'ils se font des gens, ils ne trompent qu'eux-mêmes.
Ça fait plusieurs milliards de personnes.
Et un certain temps que ça dure.

Personne ne vend la mèche.
D'ailleurs il n'y a personne pour l'acheter.
Tout le monde l'a, et personne ne la voit.
Personne n'en veut, personne ne veut en entendre parler.

Je dois avoir la foi, un truc comme ça.
Je vous la donne.

C'est ce que je fais, maintenant que j'y pense.

## 5

T'es trop too much, toi.
Tu es gaillard.
Tu pètes gras. Moustache écossaise pantalon frisé.
T'as pas ton nez dans ta poche.
T'es tombé dans la marmite ou quoi ?
Tu ne te refuses rien, toi.
C'est incroyable. Je n'ai jamais vu ça.

T'as pas peur, toi, tu ne crois pas au Père Noël, first class, garçon, maximum.
On peut dire que tu ne te marches pas sur les pieds.
Je ne sais pas ce que tu nous prépares comme coup mais ça risque d'aller loin.
Ça ne va pas être triste.
Et le plus fort c'est que t'es pas le seul, hein ?
C'est inimaginable.
Tout est inimaginable.
Tu te rends compte ? C'est quand même insensé.
Moi, j'en reviens pas, hein, je dis franchement.

Il se passe vraiment de drôles de trucs.
Vraiment, vraiment, il y a une drôle d'odeur dans la cuisine.
D'ailleurs, il y en a qui commencent à se douter de quelque chose.

Écoute : il se peut que tu voies ces temps-ci des choses qui t'étonnent.
Regarde-les bien et n'en tire aucune conclusion.

Méfie-toi de tout le monde, même de ceux qui te disent de te méfier, même de ceux qui te disent de ne pas te méfier.

Ne crois qu'à la poésie, si tu vois ce que je veux dire. Elle n'a pas de contraire. Tu ne peux pas te tromper, c'est tout droit.

Ne t'inquiète pas sur toi parce qu'en fin de compte c'est ton inquiétude qui fait que tu as raison de t'inquiéter.

Pour les relations humaines, je ne peux rien dire, ni pour aucun détail.

Seulement, la poésie n'a pas de contraire, alors démerde-toi.

Mais écoute : il n'y a pas le feu.

**6**

Avec moi, il faut faire attention.

Avec moi, si on n'est pas très modeste, on se retrouve tout d'un coup tyran abominable.

C'est complètement faux, bien sûr.

Vraiment, tout est bon pour s'abaisser.
Même la grandeur.
Même la bonté.
Encore des blagues, comme la bassesse.

Alors tout se confond en remerciements et je me jette sur le papier comme un manteau sur une chaise, je me perds derrière la rangée d'arbres du temple de Dieu, en épuisant la source de ma patience et de mon espérance.

L'huile gelée commence à craquer la coupe.
Du jour au lendemain, j'habite dans un vieillard.
Je me vengerai.
Avec moi, il faut faire attention : je vous l'avais dit.

# 7

Tu devrais accepter.
C'est bien, tu sais.
Les conditions sont favorables.
Tu ne peux pas continuer à tourner en rond, le cul entre deux chaises.
Signe une bonne fois, ça t'évitera des tourments stériles.
Et tu sais, c'est une grande famille.
C'est l'amour.
On fait une fête à la fin de l'année.
Tu bosses pour pas un rond, c'est merveilleux.
Après avoir été exploité toute l'année, ça n'a pas de prix.

Tu sais, pour que je te dise tout ça, il faut que je sois convaincu, et si je suis convaincu, c'est vraiment que c'est comme ça.
Tu me connais.
J'ai toujours été près de toi.

Je t'ai soigné pendant ta typhoïde, on a passé la marchandise ensemble.
Ma mère a failli aller chez la tienne.
Ma fille y est allée, avec son père, ou sa mère je ne sais plus, tu vois ce que c'est que de ne pas dormir la nuit, on mélange tout.
Je sais bien que c'est fini, l'ère du poisson, mais quand même il y a des limites.
C'est pour ça que je te dis : signe.
Assez de confusion.
Il ne faut pas tout confondre.
Tu crois que tu es libre mais tu me fais rigoler.
La liberté, c'est la vie.
La vie, c'est l'engagement.
Pas la fuite.
La fuite, c'est continuer, toujours continuer.
Ne s'opposer à rien.

Il faut reconnaître quelque chose et s'y tenir, sinon tu sombres dans l'errance, tu es persécuté de tous côtés, tu finis écrabouillé.
Et bientôt les rides qui vont venir.
Et le loyer, et les impôts.
Les courses, les transports.
Ta mère, ton frère.

Arrête, je te dis.
Laisse tomber.

## 8

Quand on sait de quoi on parle, on ne parle plus du reste.

Mais pourquoi faudrait-il ?
Mais j'ai quand même bien le droit…
Je ne peux même pas…
Je ne peux quand même pas…
Mais enfin…
Je ne peux jamais…
Je ne peux quand même pas toujours…

On ne sait jamais de quoi on parle, mais on le sent toujours, alors qu'autrement c'est le contraire.

Ça pique, ça coince, ça tire, ça tord, ça étouffe, ça étrangle, ça cloue, ça plaque, ça écrase, ça mord, ça déchire, ça déchiquette.

## 9

Tu veux ma peau, tu veux faire exploser ma sphère, je dois lutter, je dois te tuer peut-être et ce n'est rien d'autre qu'un combat de globule blanc et de microbe.

Aucun mal à ça, aucun jugement, aucune morale.

La vie, la dévoration, l'avancée, le feu.

Ne me touche pas, je brûle.

J'irai pas dans votre hôpital, j'aime mieux crever sur le seuil, dans le fossé. Je sourirai aux nuages une dernière fois.

La nuit dernière, j'ai marché sous la pluie, jusqu'au jour.

Sous la pluie, encore, encore, la pluie.

Je partais encore plus loin à cause de la pluie qui m'entraînait dans la terre et dans les rivières.

Un ruissellement anonyme, un anéantissement parfait et puis l'étain, des nuages dans les flaques des ornières au petit jour.

Je n'irai pas à votre école, je me défendrai jusqu'au bout, je n'irai pas à votre bordel, à votre caserne, à votre four crématoire.

Dégage, flicard, creveur de sphères.

Dégage, avec ton putain d'amour qui vient moisir ma souveraineté, miner mon noyau, ton amour qui vient trahir, trahir encore, traîner sa lèpre dans mon cœur.

Je ne cultiverai pas ma haine, mais je la protégerai autant que tu le rendras nécessaire.

Que j'aie raison, ça ne se discute pas.
Je suis injuste, dure, j'ai raison.
Je suis sans pitié, sans honte.
Tu n'auras pas ma peau.

Je rêve à la folie, jusqu'au bout de la Chine, je contemple ma forme, grise et trouée, ce que tu as fait de moi jusqu'à ce que je morde à la chair mirobolante de l'oubli et de la haine, pure comme de la glace qui protège les graines sous la terre.

Tu peux m'envoyer tes plus noirs messagers, lâcher tes nuages de poison, mon château de glace me protège, pour l'instant, tu ne m'auras pas. Tu ne m'auras plus : je te hais. J'admets que je te hais. Je ne te reconnais aucun droit, un geste et tu es mort, je t'ai prévenu.

J'ai pris le train, le train de la pluie, jusqu'au fond de la pluie, pour toujours.

Quelle joie, être loin de toi, quel parfum d'allégresse et d'innocence, dans une lumière sans rides.

La moindre flamme est un bijou précieux, le ciel fond dans la bouche loin de toi, loin de vous.

Et je signe : Hypertrophie de la Différence. Ou encore : Honneur de l'individu.

## 10

Je vais être injuste, c'est-à-dire juste.

Personne n'est forcé d'aimer personne.
D'ailleurs, tu n'aimes pas.

Je n'ai pas besoin qu'on m'aime, mais je n'aime pas les boniments. On n'est pas à la foire.

Je dis des choses très douteuses, sans doute. Je ne vois pas pourquoi je serais la seule à ne pas en dire.

Pourquoi n'être pas franchement injuste et scabreux, puisque tout ce qu'on dit est injuste et scabreux, notamment ce que je viens de dire.

Alors pourquoi pas moi?

Je vais te dire ce que je pense, dans l'injustice de la justice: tu es dégueulasse, tu m'égares, tu n'as pas d'égards pour ma vie, tu n'as pas d'égards pour quelque chose de vital dans ma vie. Voilà.

Et c'est en vivant avec toi que j'ai regardé ce qu'il y a de vital pour moi dans la vie.

Quelle vie.

Je ne comprendrai jamais, je n'y arriverai jamais.

## 11

Je dois me défendre.

Je ne fais que me défendre et pendant ce temps-là, je ne fais pas autre chose.

Ce n'est pas de ta faute. Mais quand même.

Je devrais me défendre.

Et je ne fais que ça.
Je ne devrais pas. Se défendre, c'est encore participer.
Que de devoirs.

Il serait juste que je sois absente, comme dans l'imagination des mères de famille, vomie par des millions de civilisations patriarcarcérales.
Comme dans l'esprit des artistes d'acier, vomie par des millions de civilisations occidentorientales.

Ils croient qu'on n'est soi-même qu'en étant que soi-même.

Moi-même, je le crois, lorsque je me fais croire que je crois quelque chose parce que je ne crois rien, ce qui n'est pas la même chose que lorsque je crois à quelque chose, parce que vraiment je ne crois à rien.

Et ce n'est pas pour ça que je suis moins crédule, ou plus incrédule.

Ça n'a rien à voir.

Il n'y a aucun point de repère, nulle part.
C'est moi qui le dis, et va savoir si c'est parce que je suis perdue.
Sans père et sans repaire.
Hors pair.
Hors de la carte du père.
Même pas de maison, qui serait un repaire dans la jungle.

Je suis hantée par le chaos, va savoir si c'est parce que j'appartiens au chaos.

Et tu en profites, bourreau, mais au profit de quoi ?

Que sers-tu ?

Tu as signé ?

Tu as ta carte ?

Où est-ce pour le voyage sans carte ?

Personne ne peut le savoir pour moi.

Tant mieux.

Et tu es là.

C'est un fait que je ne peux pas nier.

Le seul moyen, c'est la sincérité, et quelquefois on est bien obligé de sentir ce que c'est.

Est-ce que vous préférez les choses qui vont bien à l'intérieur d'une situation qui va mal ou les choses qui vont mal à l'intérieur d'une situation qui va bien ?

De toute façon, la situation qui va mal est toujours celle où l'on se trouve, l'autre c'est celle qu'on imagine.

C'est comme les autres.
Jamais ceux qui sont là, toujours ceux qu'on imagine.

C'est comme moi.

Tout mais pas moi.

## 12

Ça va.

J'essaie de donner une forme à ma rage.

Si tu restes là, ce sera la tienne.
Si tu pars aussi. Fallait pas venir.
Traduis-le comme tu veux, c'est pas grave.
Ce que tu penses n'a aucune importance. Même pour toi.
De toute façon, tu penses au moins deux choses en même temps qui n'ont rien à voir entre elles.
De toute façon, ce que tu appelles ta pensée, c'est du jugement et moi ça ne m'intéresse pas.

Je ne sais plus quand c'est arrivé cette histoire.
Ça a trop duré, rien ne pousse.
Dans le jugement, y a pas le feeling.

Ça va.

Pour jouer, je donne une forme à ma rage.

Pour moi.

Je sais que c'est un jeu.
Je ne jugerai pas.
Et si je suis la seule tant pis.
Je ne vais pas paniquer comme une pucelle.

Monter sur mes grands chevaux, me planter encore une fois.

Mais encore une fois, voilà : je ne crois plus à rien.

Ça élimine le jugement, mais qu'est-ce qu'on fait avec ça ?

## 13

Je me sens calmée. Je n'ai aucune raison pour ça.
D'autre part, quand je suis énervée ou que j'ai peur, il n'y a pas de quoi non plus.
Tout ce que je fais est à côté.
Tout ce que je pense, tout ce que je dis.
Je suppose que chacun en est là, mais il semble que je sois la seule à m'en douter.
Ce que je pense est complètement à côté.

Vous croyez que c'est agréable ?
Que je fais ça pour mon plaisir ?

Vous avez peut-être raison si vous y tenez.

Chaque fois que je comprends quelque chose, je peux être sûre que ce n'est pas vrai.

Puisque je me tue à vous dire que rien n'est vrai.
Et en tout cas pas ce que vous non plus vous racontez.
Parce que vous ne vous cassez pas beaucoup.

Je suis crédule mais quand même, pour me faire croire à quoi que ce soit faut se lever de bonne heure.

C'est moi qui vous le dis, et je ne sais absolument pas si c'est vrai.

D'ailleurs, je ne sais absolument pas de quoi je parle, et ça, il faut le faire, parler sans savoir quoi.

Eh bien c'est ce que je fais.

C'est assez fortiche.

Je le reconnais.

Il n'y a pas un écrivain en France qui peut en dire autant.

Et je ne parle que de la France par discrétion.

Un peu de discrétion est la moindre des choses dans mon cas.

Vous comprenez ?

Vous avez bien de la chance.

Moi je ne comprends rien.

Mais pour ce qu'ils en font de leur compréhension.

Emprisonner, tuer.

Ce n'est pas que je croie être mieux mais quand même, on a sa fierté.

Et puis, je vais vous dire : si je n'ai plus aucune raison de vous croire et que je vous crois, là, ça deviendra intéressant.

Bien plus intéressant que les complots.

Parce que des complots, il y en a partout entre les gens.

Si vous sombrez dans la recherche d'un complot, vous le découvrirez à coup sûr, impeccable et riche. Il se révélera, il se donnera à vous, ses contours apparaîtront, précis et beaux, dans l'eau dormante, comme une photo dans un bain de révélateur.

Et vous commencerez immanquablement à fomenter un complot contre le leader du premier.

Alors le marchand de complots sera satisfait.

## 14

Enfin, ne plus comprendre. Plus rien et plus du tout.

C'est dur, mais quel soulagement.

Enfin, boire cette eau.

Tout a brûlé, et pas ce qu'on croyait.

Seule reste la vieille prison, humide et froide.

Pas la peine de réfléchir, c'est toujours dans le sens de la flèche qu'on réfléchit.

Seul autrement existe.
Mais aucune route n'y mène et tu risques ta peau.
Il faut tout défricher, voler, refuser.

Non, non.

Non à tout.

Surtout aux évidences, surtout aux paradoxes, à l'unité de style, aux confessions, aux informations, aux ragots, aux idées lumineuses, à la révélation, aux sentiments, aux mots, aux silences, aux hommes, aux femmes.
Au oui.
Au non.

## 15

Je m'écris des mots pour le lendemain matin.

Je me laisse des mots sur la table, sur le téléphone.

Ça a l'air urgent.

## 16

Vous allez tout photographier, vous allez tout inventorier, tout décrire, tout transmettre.
Vous allez filer doux.
Vous allez assurer.
Ou bien, vous allez disparaître si nous le décidons.
Vous allez faire partie du plan secret.

Vous allez tomber dans le sommeil.

Produire et projeter du sommeil.
Vous laisser traîner dans l'égout.
Être cet égout.
Votre misère pourra dénoncer la misère.
En vain, toujours.
Pour rien, toujours pour rien.
Vous allez dormir des siècles et avoir des cauchemars minables.
Vous allez croire des choses, et faire tout le contraire, sans même le savoir.
Vous allez être moins qu'un ver de terre, et pourtant l'être le plus important au monde.
Vous allez accuser tout le monde et croire que vous êtes bon.
Vous allez vous laisser torturer pour pouvoir accuser.
Vous allez vous regarder sans cesse et vous trouver minable.
Vous allez tout préparer pour après votre mort, quand ils recomposeront l'image et, même de votre vivant, vous serez ce mort.
Vous allez vous faire manger par l'image, après n'avoir mangé que des images.
Vous allez servir ce qui vous tue.

Vous allez osciller sans conviction entre l'ignorance et les certitudes, balancer comme une bouteille saoule à la foire, sans jamais savoir où vit votre désir, sans jamais être là, sans regarder ce qui vous regarde, sans vous dire la plus simple des choses.

Vous serez manœuvré même par vous-même, surtout par vous-même, berné, exploité par vous-même pour le compte de quelque chose qui vous dépasse, et les comptes ne vous seront jamais communiqués.

Vous serez tenu à l'écart de tout, même de ce que vous savez.

Vous allez vous débattre et serrer les cordes autour de vous, des cordes que vous avez vous-même préparées.
Vous paierez quelqu'un pour qu'il les enroule et vous emprisonne.
Vous coucherez avec votre pire ennemi, quelqu'un de très sympathique.

Plus tard, ailleurs, lorsque vous verrez bien que la personne qui vous menace absolument est l'unique chose que vous puissiez appeler « chez vous », vous aurez très peur, mais ce ne sera rien encore.

Vous ne pourrez toujours pas vous dire la plus simple des choses.

Vous croirez encore à un complot qui vous dépasse.

Vous croirez à des histoires de grand guignol, vous ferez beaucoup de bruit pour ne pas entendre, jusqu'à ce que vous tombiez nu à genoux, couvert de rosée, comme le jour de votre naissance, le jour de votre mort, vous voyez ?

Jusque-là, continuez, continuez forcément toujours la même chose, tout le monde s'en fout, même ceux qui vous aiment, qui s'accrochent à vous, à ce qu'ils connaissent, au bruit que vous faites, pour ne pas entendre. Continuez, jusqu'à ce que vous tombiez, couvert de rosée, n'importe où sous le ciel, seul.

Personne n'est chez vous.

Il n'y a aucun point de repère.

Bonjour à monsieur votre père.

## 17

Monsieur, c'est une fille.
Nous l'appellerons Madame.
Elle accouchera dans la douleur.
Vous connaissez l'histoire.
Le patriarcat, la merde de famille, les meurtres, la respectabilité.
Tout ce qu'on connaît.

Celle qui connaît autre chose, celui qui connaît autre chose, où est-elle, où est-il, de quoi vivent-ils, que disent-ils, comment vont-ils?

S'ils venaient, nous n'y verrions que du feu comme d'habitude.
Nous aurions peur, nous ricanerions, nous calculerions, nous fuirions comme d'habitude.
C'est ce que nous savons faire.
Et ce n'est pas parce que nous le disons que nous savons autre chose.
Ce n'est pas parce que nous le disons que nous lui échappons.

Nous voulons que ça continue, en changeant les formes.

Tout ce qui se passe nous dépasse.

Ça n'empêche pas que nous le fassions, ni plus ni moins, alors pourquoi se fâcher?

Faire et subir, c'est tout un, bien qu'il n'y paraisse pas, à cause de l'histoire de la séparation, de la chute, de la rencontre.
À cause de l'histoire.

Raconte-moi une histoire.
Celle-là par exemple.

## 18

« État général satisfaisant. Pas de maladie pulmonaire. Le foie est en bon état. Du point de vue psychique, quelques phobies handicapantes et des croyances parfois erronées. On observe aussi des lacunes importantes dans l'affectivité et des traces de débilité dans la perception sociale.

En résumé, si les symptômes d'effritement persistent et s'accentuent, il serait bon d'en référer au Central qui décidera s'il convient d'envisager un déplacement radical du sujet, ce qui équivaudrait à sa mise à l'écart du mouvement d'avancée internationale, puisqu'il ne semble pas pouvoir s'y adapter, et y participer, ne serait-ce qu'en ne le contrariant pas. Dans ce cas, déguiser le déplacement du sujet en mouvement impulsif de libération, le profil du sujet le permettant.

Quant à l'efficacité de notre méthode, il est aussi difficile de l'apprécier que de répondre aux questions du genre : le Bien et le Mal sont-ils mélangés ? Ou encore : les mouvements d'extrême gauche font-ils le jeu des pouvoirs ou ont-ils forcé ces pouvoirs à révéler leur véritable visage de tyrannie totale ? Ou pourquoi pas : la vérité du Christ s'est-elle propagée grâce à la trahison même de cette vérité ?

Il va de soi qu'en fin de compte le choix se situe entre l'action et la non-action, comme toujours, et que le camp de l'action est le nôtre. C'est tout. »

## 19

Personne ne peut m'aider puisque je n'ai confiance en personne.
Et si j'avais confiance en quelqu'un, c'est justement lui qui me foutrait dedans.
Alors plus j'ai confiance, plus je me méfie.

Ça se confirme avec toi.
Et même avec moi.

Tu fais ce que tu peux, peut-être.
N'empêche que quelque chose t'en empêche.
Moi par exemple.

Il faut se méfier de la confiance engendrée par la méfiance autarcique, encore plus que de la méfiance engendrée par la confiance.

## 21

J'attends ce qui commence quand il n'y a plus rien.
Quand on ne sait plus rien.

Peut-être que rien ne commence.

Peut-être que tout est pour rien.

Et tout n'y est pour rien.

Ne même plus tenir à être bien, à être libre, à comprendre.

Ça aussi c'est peut-être pour rien, et on ne le saura jamais.

On ne saura jamais rien.
Et en plus, c'est tant mieux.
Peut-être.

## 22

Le passé est en feu.
L'avenir est en miettes.

C'est le moment d'en profiter.

Se vautrer dans le velours.
La valse des adieux.
Le calme parfait.
Les larmes qui arrosent la terre desséchée.
Les amandiers qui défilent à la vitesse de la lumière.

Les musiques fragiles et surprenantes qui sous-entendent une entente inconnue.

Se faufiler entre les secondes comme des flammes éternelles, comme dans un rêve splendide, presque inrêvable.

On ose à peine rêver ça.
C'est trop, mais pourquoi se gêner ?
Assez de toutes ces fausses couches.
Assez de cette vie de fausse couche parce qu'on n'ose pas rêver la moindre des choses, parce que ce n'est jamais le moment

Il y a trop de lourdeur et d'anxiété.
Trop d'objets du délit et d'armes du crime.
Trop de devoirs et de mémoire.

Trop de mémoire surtout...

# Postface

L'œuvre de Brigitte Fontaine, dans la diversité des thèmes qu'elle aborde et la variété des formes qu'elle développe, prend soin de bousculer les convenances pour réveiller nos consciences trop sourdes. Ainsi, ses textes s'alarment souvent du fait que nous laissions glisser sur nous des mots dont le sens nous échappe au point que nous ne percevions plus la réalité tragique qu'ils désignent. Cet appel à refuser l'anesthésie sournoise de la pluie du verbe qui coule chaque jour dans nos oreilles était déjà manifeste dans la chanson *Comme à la radio* qu'elle chantait, en 1969, accompagnée par les musiciens noirs américains de l'Art Ensemble of Chicago. Cette même interpellation résonne aujourd'hui avec force dans *Rien* et, peut-être plus encore, dans *Colère noire*.

Bien que leurs tons respectifs soient très différents, ces deux textes se rejoignent un peu en ce sens qu'ils témoignent d'une forme d'écriture très éloignée de la flamboyance baroque des romans et des chansons livrés par Brigitte Fontaine depuis le début des années 1990. C'est que la poétesse se dévoile ici sans masque, et sans même vouloir être poétique. Le mot « poésie » ne convient d'ailleurs pas vraiment pour définir les fulgurances métaphysiques de ces deux textes qui dénoncent sans en avoir l'air quelques mensonges adultes – ces mensonges que l'on paie au prix fort, en prenant parfois le risque de passer à côté de sa propre vie...

*Rien* et *Colère noire* résultent pourtant de révoltes existentielles très différentes. Le premier, qui est aussi le plus récent, constate et contemple le néant avec désenchantement et résignation tandis que le second relate non sans humour une lutte de consciences chargée d'une rage qui peut rappeler *L'Inconciliabule*. Parce qu'ils partagent une même forme de dépouillement, mais aussi parce qu'ils se rejoignent en tendant à l'universel, il nous a semblé intéressant de réunir dans un même volume ces deux textes qui révèlent par ailleurs la profondeur d'une Brigitte Fontaine terriblement humaine dans la nudité de sa désespérance. Une désespérance lucide où perce toujours, malgré tout et par-dessus tout, un amour de la vie au sens le plus mystique du mot, mais aussi une foi inexpugnable en la grandeur et en la beauté qui sommeillent secrètement en chaque être humain, pourvu qu'il ne se laisse jamais salir par la crasse des aliénations.

**Benoît Mouchart**

Avec la collaboration de
Annick Macbeth

Conception, mise en pages :
Yves Le Houerf

Composition :
Ifik

*Ce volume,*
*publié aux Éditions Les Belles Lettres,*
*a été achevé d'imprimer*
*en décembre 2010*
*sur les presses*
*de la Nouvelle Imprimerie Laballery*
*58500 Clamecy*

N° d'éditeur : 7156
N° d'imprimeur : 012160
Dépôt légal : janvier 2011
Imprimé en France